Penhaligon's Duftende Bibliothek

Die Sprache der Wildblumen

Ex Libris

....

Beatrice Parsons

Die Sprache der Wildblumen

Sheila Pickles

Ins Deutsche übertragen und bearbeitet
von Angelika Koller

arsEdition

Einleitung

Jeder Mensch hat sein Herz, wie jedes Kraut
seine Blume, er mag es geheimhalten,
die Blume tut es nicht ...

Adalbert Stifter (1805-1868)

Liebe Leserinnen und Leser,

Wildblumen wurden lange Zeit wie Unkraut behandelt. Heute hat man ihren Wert für Leib und Seele des Menschen und für den Kreislauf der Natur erkannt. Biotope werden angelegt um mit Karden, Disteln und Brennesseln Schmetterlinge wiederzugewinnen.

Rousseau, der französische Philosoph, würde sich freuen. Er hielt nicht nur die Botanik für die liebenswerteste und reizvollste aller Wissenschaften, die den Menschen die Tore zum Wunderreich der Natur öffnet, sondern zog die Blumen in Feld und Wald den »modisch aufgeputzten« Gartenblumen vor.

Dieses Buch erhebt nicht den Anspruch, Botanikspezialisten auszubilden, wenngleich es die lateinischen Namen der Pflanzen nennt, weil für eine Blume zahlreiche Bezeichnungen in der Umgangssprache existieren. Es sollte einfach zum Vergnügen gelesen werden.

Das Buch erklärt ein beliebtes Gesellschaftsspiel des 18. und 19. Jahrhunderts: Mit Hilfe von einzelnen Blumen und Sträußen drückte man unter dem Banner der Galanterie die intimsten Gefühle aus, verrätselte man lebenswichtige Fragen der Liebe. Den Auftakt machte Madame de la Tours »Le Langage des Fleurs«, den Franzosen folgten Briten und Deutsche. Für Goethe ist es eine Selbstverständlichkeit, in Gedichten wie den »Vier Jahreszeiten« mit der Bedeutung der Blumen zu spielen und der jeweiligen Herzensdame entsprechende Blumen zu schenken. Balzac nennt seine Erzählung »Die Lilie im Tal« nach der verheirateten Frau, die, rein wie eine Lilie, mit aller gebotenen Diskretion dem Liebeswerben eines jungen Mannes begegnet. Dieser bedient sich ausgiebig der Sprache der Blumen und komponiert aus Küchenschellen, Zittergras, wilden Rosen, Geißbart, Labkraut, Erdrauch, Mohn und allen Blumen und Gräsern der Wildnis unmißverständliche Symphonien der Leidenschaft.

Die Sprache der Blumen weist jeder Blume eine bestimmte Bedeutung zu. Manchmal geht sie vom Aussehen aus, manchmal vom Standort, mitunter spielt die medizinische Tradition eine Rolle oder ein Aberglaube. Ihre Regeln sind nicht willkürlicher als Spielregeln im allgemeinen. Wer diese Sprache beherrscht, ist nicht nur imstande, das alte Spiel im Flirt wiederzubeleben, sondern gewinnt auch einen neuen Zugang zu Kunst und Literatur.

Sheila Pickles, London, 1995
Angelika Koller, München, 1997

Inhalt

Kleinblütige Königskerze

Verbascum thapsus

— Trost, Stärkung —

Sie kommen aus dem Schoß der Nacht;
Doch wären unten sie geblieben,
Wenn nicht das Licht mit seiner Macht
Hinauf ins Leben sie getrieben.

Holdselig aus der Erde bricht's
Und blüht nun über alle Schranken;
Du bist der Freund des holden Lichts;
Laß dir des Lichtes Kinder danken!

»Blumen« von Theodor Storm (1817-1888)

Von Juli bis September blüht auf Unkrautfluren, am Waldrand und auf Bahndämmen die bis zu 1,8 Meter hohe Königskerze. *Verbascum* stammt von *barbascum*, das heißt bärtige Pflanze. Sie verdankt den Namen ihren filzig-haarigen Blättern. Die Bedeutung Trost und Stärkung erklärt sich aus der lichtgelben Farbe der Königskerze, vielleicht auch aus der Sitte der Armen, sich die Blätter in die Schuhe zu stopfen, um die Kälte abzuhalten. Die Kärntnerin Christine Lavant beschreibt, wie die Königskerze am Wegrand »abbrennt«, während der Regenrufer gellt: Man glaubte früher, die »Wetterkerze« kündige Unwetter an, wenn ihre Spitze nach Westen weist, und halte Blitzschläge ab. Seit der Antike dient sie als Heilpflanze, ihr Tee soll bei Husten helfen, ihr Öl bei Ohrenschmerzen. Männer benutzen Wurzeln von *Verbascum thapsus* als Amulett, um sich vor Schlagfluß zu schützen, Frauen hingegen die einer anderen Königskerzenart, *Verbascum lychnites*.

Odermennig

Agrimonia eupatoria

— Dankbarkeit —

Als nächstes folgt der Odermennig hier,
Er hilft bei Schlangenbissen dir.
*Aus »Musen-Elysium« von Michael Drayton (1563-1631)**

Die gelben Blüten dieses Rosengewächses, auch »Heil aller Welt« genannt, sind etwas unscheinbar, doch duften sie angenehm nach Aprikosen. Der Odermennig ist eine vielseitige Heilpflanze, weshalb er sich gut als Symbold für Dankbarkeit eignet. König Mithridates Eupator (111- 63 v. Chr.), nach dem die Pflanze benannt wurde, entdeckte seine Heilkraft. Der Odermennig hilft bei Augen-, Leber- und Gallenleiden. Ein Mediziner mit dem Pseudonym Albertus Magnus nennt ihn das Jupiter Kraut unter den »Sieben Planeten-Kräutern« Alexander des Großen und empfiehlt ihn gegen Leberleiden, Gicht, eitrige Geschwüre und für Liebestränke. Gerard, ein Pflanzenkundler der Zeit Elisabeths I., wußte, daß er »gut bei schlimmer Leber« wirkt. Derzeit ist Odermennig als einer der 38 Bach-Blüten im Gespräch.

Stinkende Nieswurz

Helleborus foetidus

— Skandal, Verleumdung —

Schnupftabak wird hier verkauft.
Das heißt, sich selber erkennen!
Nieswurz holt sich das Volk, ohne Verordnung und Arzt.
Johann Wolfgang von Goethe (1749-1832)

Goethes launiges Epigramm trifft die Analogie von Tabak und Nieswurz, allem voraus das Niesen, das sie auslösen. *Helleborus* soll Sommersprossen verursachen, die wie Tabakpünktchen das Gesicht verunzieren. Die zerdrückten Blätter riechen unangenehm. Die Nieswurz ist genauso giftig, wie Verleumdung, die uns das Leben vergiften kann. Verwandte sind die Grüne und die Schwarze Nieswurz. Erstere wird seit der Antike als Abführmittel eingesetzt.

Hasenglöckchen

Endymion non-scriptus

— Beständigkeit —

In Purpur, Weiß und Blau die Hyazinthe [illegible]
Und welch ein Duft aus diesen Gl[illegible]
So zart, ungreifbar wie M[illegible]
Mit solch[illegible] [illegible]ier.

[illegible] [illegible]anze«

*[illegible] [illegible]ley (1792-1822)**

Hasenglöckchen sind eine Hyazinthenart und wachsen im Mai in Europas Wäldern. Vor allem in England bilden die »Bluebells« blaue Teppiche von magischer Schönheit. Hasen galten als die heiligen Tiere von Luna, Selene, Ostara oder Freya, alle Mond- bzw. Frühlingsgöttinnen. Man stelle sich eine Wiese voller Hasenglöckchen vor, in der eine Häsin sitzt und ihren weißen Spiegel leuchten läßt, so wie der Mond am nachtblauen Himmel leuchtet: Die Phantasie erträumt sich ein Rendezvouz der Mondgöttin, wie es der griechische Mythos von Selene und ihrem Geliebten Endymion kennt. Sie schenkte ihm Beständigkeit und ewige Jugend, indem sie ihn in dauernden Schlaf versetzte.

Grosse Klette

Arctium lappa

— Rührmichnichtan —

Bauer, soll dein Weib dir blühen,
Laß nicht Kletten Wurzeln ziehen.

*Aus »Lorna Doone« von R.D. Blackmore (1825-1900)**

Bauern ärgern sich über das bis 1,5 Meter hohe Unkraut mit den riesigen Blättern, das den Acker besetzt und im Hochsommer purpurfarbene Blüten trägt. Kinder und Kindsköpfe jubeln über die Wurfgeschosse.

Als Daphne, die Jungfer Rührmichnichtan, vor Gott Apoll flieht, wirft er »als ein Zeichen der Gunst« Kletten nach ihr, um sie aufzuhalten. Die Klette steht in diesem Fall als Symbol für die »Angst vor Berührung«. Daphne jedoch, verwandelt sich lieber in einen Lorbeerbaum, als sich fangen zu lassen.

In der Blumensprache drückt die Klette Berührungsängste aus und warnt vor Verwilderung oder davor, sich zu sehr an einen anderen Menschen anzuhängen. Shakespeares wahnsinniger König Lear trägt sie in seiner Unkrautkrone, Pandarus in »Troilus und Cressida« klagt über klettenhafte Leute. Lagerlöfs Heldin im »Roman einer Fischersfrau« ist wie die Kletten, die vor ihrer verfallenden Hütte wachsen: überlebenstüchtig, zäh und geschickter als Apoll. Mit ihrer Überredungskunst schafft sie es sogar ein junges Mädchen als Schwiegertochter in ihre Bruchbude zu locken.

Knolliger Hahnenfuss

Ranunculus bulbosus

— Kinderei, Undankbarkeit —

Noch sah ich voller Lust ein mehr als goldnes Brennen
In Blumen, die wir insgemein
Die gelben Butter-Blumen nennen.
Es strahlt ihr anmutreicher Schein …,
Zumal wenn sie der Sonnen Glut beschiene,
Und sie mit Glanz und Schimmer schmückte,
Ja, selbst ihr Bild in sie, als kleine Spiegel, drückte.

Aus »Die Wiese« von Barthold Hinrich Brockes (1680-1747)

Der Hahnenfuß spielte immer schon eine Rolle im Brauchtum. Wer gute Butter wollte, mußte die ersten Blüten der giftigen Pflanze selber essen. Die Sonnenfarbe macht den Hahnenfuß zum Symbol der »Frühlingssehnsucht«, die »in allen Wesen, besonders aber in Kinderherzen« lebt, weiß Adalbert Stifter. Robert Hamerlings »Spaziergang« mit einem kindischen Mädchen illustriert das:

Im Wiesengrund, von Enzian
Umblüht und Hahnenfuß,
Erbat umsonst im Liebeswahn
Ich mir den ersten Kuß.

Den Bedeutungspol »Liebeswahn« erschließt der Mythos des lybischen Sängers Ranunculus, der, festlich in Grün und Gold gekleidet, Waldnymphen seine Lieder vorsang. Doch die undankbaren Damen machten sich den Spaß, ihn in eine Blume zu verzaubern.

Butterblumensaft verätzt die Haut, das nutzten trickreiche Bettler, um Mitleid zu schinden. Die Volksmedizin verordnete Hahnenfuß bei Zahnschmerzen, Gürtelrose, Rheumatismus und Ischias. Erfrorene Hände badete man in warmer Hahnenfußbrühe gesund.

Wiesenklee

Trifolium pratense

— Fleiss —

Bei meinem Schatz, da ist gut liegen,
Das bleibt ein' kleine Weil' verschwiegen.
Jetzt, Mutter, tut Bauchle weh,
Jetzt geh du selbst und hau den Klee.
Mutter, 's hilft kein Sälbele mehr,
Es ist schon groß und zappelt sehr.
Zappelt wie ein Fisch im Rhein,
's wird wohl ein kleiner Junker sein.

Aus einem schwäbischen Volkslied des 18. Jahrhunderts

Viele Volkslieder besingen den Rot- oder Wiesenklee. Im Gegensatz zum Hahnenfuß erfreut dieser auch das Vieh. Seit tausend Jahren ist seine Nutzung als Futterpflanze bezeugt.

Der Klee soll die Fruchtbarkeit fördern. Wird er gemäht, zeigt sich die Standhaftigkeit der Bauern. Auch Walther von der Vogelweide ließ sich in einer Kleewiese ablenken und stimmte ein »Tandaradei« auf den Klee an:

Als ich gegangen in die Auen,
Da war die Süße schon im Klee
Und hat mich empfangen, daß alle Frauen
Ewig ich süß und vergeblich seh.

Lateinisch *Trifolium* bedeutet dreiblättrig. Für Sankt Patrick wurde der Klee ein Symbol, das half, den heidnischen Iren die göttliche Trinität zu erklären.

Die seltenen Klee-Exemplare mit vier Blättern bringen Glück. Der Dichter-Arzt Arthur Schnitzler trug so ein Medaillon mit einem vierblättrigen Kleeblatt, das ihm seine Braut gepflückt hatte. Wiesenklee dient der Blutreinigung und der Beruhigung der Nerven.

Frühlingsschlüsselblume

Primula veris

— Nachdenklichkeit, Schwermut —

Sieh, Liebe, hier im Waldestal
Das Plätzchen, unvergessen,
Wo kosend wir zum letzten Mal
Im letzten Herbst gesessen!

Und sieh, nun sind in goldner Tracht
Hier an derselben Stelle
Die ersten Primeln aufgewacht,
Als wär's des Lenzes Schwelle!

Siehst du, wie Liebe Wunder tut,
Daß, wenn der Schnee zerflossen,
Dort, wo ein Liebespaar geruht,
Die ersten Primeln sprossen?

Nun wollen doppelt eifrig wir,
Wo Moos und Gräser schwellen,
Fürs nächste Jahr im Waldrevier
Die Primelsaat bestellen!

Aus »Die Primeln« von Robert Hamerling (1830-1889)

Der lateinische Name *Primula*, die Erste, *veris*, des Frühlings, versteht sich leicht. Für Ferdinand von Saar sind sie die ersten Blumen überhaupt, »die ersten, die reinsten Hauche der Schöpfung«. Das Jahr beginnt mit ihnen.

Shakespeare überträgt in seinem Sommernachtstraum fröhlichen Elfen die Betreuung der Schlüsselblumen, die Eigentum der Feenkönigin sind:

Die Primeln sind Titanias Hofgeleit;
Ihr seht die Fleck am goldnen Kleid,
Das sind Rubinen, Feengaben,
Wodurch sie süß mit Düften laben.
Nun such ich Tropfen Taus hervor
und häng 'ne Perle in jeder Primel Ohr.

Weicher Storchschnabel

Geranium molle

— Ehrfurcht, Frömmigkeit —

Sollte sich mein Geist erst kränken,
Der von Deiner Liebe lebt?
Denn die Blum', die muß sich lenken,
Wohin ihre Sonne schwebt.
Also leb' ich in Gesetzen,
Die mir Deine Liebe schreibt,
Und entzieh' mich allen Schätzen,
Weil mich diese Qual nun treibt.

Aus einem deutschen Volkslied des 18. Jahrhunderts

Wildgeranien kommen fast in ganz Europa vor und wachsen auf sonnigen Heiden, am Wegrand, ja sogar an feuchten Plätzen. Sie sind mit den Pelargonien eng verwandt, die, um 1800 aus Südafrika importiert, heute die Balkone schmücken. Über ihre Benennung herrscht Verwirrung, sicher ist die Ableitung von zwei griechischen Wörtern: *geranos* bezeichnet den Kranich, *pelargos* den Storch. Die Früchte ähneln den Schnäbeln dieser Vögel.

Das Ruprechtskraut ist eine häufig auftretende Wildgeranie. Schon Hildegard von Bingen mischte Geranienwurzeln in Stärkungsmittel. Die Volksmedizin von Belgien bis Sibirien behandelte damit Augen- und Blutungskrankheiten, auch schwerblütige, das heißt depressive Menschen, eben weil schon der Anblick der roten Blüten fröhlicher stimmt, so wie es William Wordsworth beschreibt:

… Wie fröhlich, sag!
Sie lächelt rot in den Sonnentag.
Und wie sie zufrieden die Blätter ausbreitet,
Dem harten Ort karge Nahrung abstreitet.
Der scheint's nicht an Kraft zu fehlen,
Die läßt sich die Schau selbst von Rosen nicht stehlen!

5784
Marie Anne

Löwenzahn

Taraxacum officinale

— Vertrauen, Orakel —

Keine Vase will dich. Keine
Liebe wird durch dich erhellt.
Aber deines Samens reine
weiße Kugel träumt wie eine
Wolke, wie der Keim der Welt.

Lächle! Fühl dich gut gedeutet!
Blüh! So wird aus Schweigen Huld.
Bittre Milch und Flaum, der gleitet:
O, nicht Haß – den Himmel weitet
Weisheit. Stillesein. Geduld.

Wärst du auf der Höh geboren,
ferne, selten, früh empor:
Teilnahmslosem Gang der Horen
blühtest ruhmvoll, unverloren,
groß, dein Wunder vor.

»Löwenzahn« von Josef Weinheber (1892-1945)

Der Löwenzahn blüht fast das ganze Jahr hindurch und zum Leidwesen der Bauern und Gärtner überall, auf saftigen Wiesen und in Pflasterritzen. Die Samen gelangen wie an Fallschirmen selbst in Gefängnishöfe.

Der Löwenzahn hat zwei Leben. Im ersten blüht er verlockend goldgelb. Im zweiten Leben verwandelt er sich in ein hauchzartes Gebilde, dem Vollmond ähnlich, und dient zu allerlei Orakeln. Wer die »Pusteblume« mit einem Atemzug leerbläst, hat einen Wunsch frei. Wer es

nicht schafft, kann an den übrigen Samen abzählen, wie viele Lebensjahre ihm bleiben.

Taraxacum kommt vom arabischen Wort für Salat. Der Orient wußte früh, wie wertvoll Löwenzahn ist. Er enthält mehr Vitamine als Kopfsalat, sein regelmäßiger Verzehr härtet den Zahnschmelz. Löwenzahntee bewahrt vor Rheumatismus.

Heckenrose

Rosa canina

— Liebeslust und Liebesleid —

»Wann kommst du aber wieder, Herzallerliebster mein,
Und brichst die roten Rosen, und trinkst den kühlen Wein?«
»Wenn's schneiet rote Rosen, wenn's regnet kühlen Wein,
So lang sollst du mein harren, Herzallerliebste mein.«
Ging sie in Vaters Garten, legt nieder sich, schlief ein,
Da träumet ihr ein Träumlein, wie's regnet kühlen Wein …

Der Knabe kehrt zurücke, geht in den Garten ein,
Trägt einen Kranz von Rosen und einen Becher Wein.
Hat mit dem Fuß gestoßen wohl an das Hügelein,
Da schneit es rote Rosen, da regnet's kühlen Wein.

Aus einem deutschen Volkslied, vermutlich um 1700

Die Rose des Volkslieds ist die Heckenrose. Ihre Blütenblätter schneien auf das Mädchen, wenn der Mann für seine Rückkehr märchenhaft unerfüllbare Bedingungen stellt, dann aber dem Wunder nachhilft, um die Liebesneckerei nicht zu weit zu treiben.

Alle Rosen gehören Venus, die Heckenrose jedoch ihrem Alter ego Freya, um deren Heiligtümer die Germanen sie anpflanzten. Sie durfte nur am Frei-Tag, dem Tag der Göttin, gepflückt werden, wenn man sie zu Heil- und Zauberzwecken verwenden wollte. Zur Zeit Karls des Großen zerstörten Christen die Kultorte Freyas samt den Rosenhecken.

Die Rose aus dem Märchen kann nur eine Heckenrose sein: sie wächst vor dem Haus von Schneeweißchen und Rosenrot und schützt Dornröschens Schlaf, bis der richtige Prinz kommt. Der handelt

vielleicht nach der volkstümlichen Weisheit, die Achim von Arnims Gedicht empfiehlt:

Kannst du dein Leid verschmerzen,
So werden Dornen blühn ...
In allen Lebensmühn
Geduld die Rosen bricht.

Rosa canina, Hundsrose nennt man die wilde Rose, weil man früher glaubte, sie helfe gegen den Biß tollwütiger Hunde. Pfarrer Kneipp und heutige Naturheilärzte raten zu Hagebuttentee bei Blasen- und Nierenkrankheiten.

Roter Fingerhut

Digitalis purpurea

— Unaufrichtigkeit —

Als ich die Purpurglöcklein sah
Am hohen Stengel erschwanken,
Viel große Verträumnis mir geschah
Und Wirrwarr aller Gedanken;
Und all mein Sinnen ward seligen Muts
Und alle Sorge geringer:
Ich dacht' eines andern Fingerhuts,
Der schmückte den schönsten Finger.

Aus »Fingerhut« von
Joseph Victor von Scheffel (1826-1886)

Der Fingerhut, eine auffallende, hohe Pflanze, wächst tief im Wald, wo das Reich der Feen und Elfen beginnt. Diese Wesen brauchen seine Blüten als Röcke oder Handschuhe, je nach Größe.

In der Blumensprache hat Fingerhut eine zweifache Bedeutung. Einmal drückt er die Falschheit und den Selbstbetrug eines Liebenden aus: Die Blume ist schön anzusehen, aber hochgiftig. Andererseits bedeutet er Liebenswürdigkeit und vertrauende Liebe, weil er wegen seines Giftes ungenießbar ist, aber seit dem Mittelalter in der Medizin eine große Rolle spielt. Heute sind über 70 herzwirksame Stoffe aus Digitalis-Arten bekannt. Enge Verwandte des Roten Fingerhuts sind der Großblütige Fingerhut, Leinkraut und die gelb-rote Gefleckte Gauklerblume (*Mimulus guttatus*), die zu den 38 Bach-Blüten gehört.

GROSSE STERNMIERE

Stellaria holostea

— NACHTRÄGLICHER EINFALL —

… Unendlichkeit ist dort und hier Unendlichkeit,
Und mit den beiden wagst du Endlicher den Streit.
Eh du am Boden ganz ein Gras hast durchbetrachtet,
Ging eine Welt voll Glanz vorbei dir unbeachtet.
Und eh du Zweig und Blatt gezählt am Sternenbaum,
Blüht ungenossen ab ein Erdenfrühlingstraum …

Aus »Ein Wunder ist die Welt« von Friedrich Rückert (1788-1866)

Von April bis Juni zeigt die Große Sternmiere ihre Schönheit im Gras von Laub- und Mischwäldern. Sie gehört zu den Nelkengewächsen wie die Vogelmiere und das Seifenkraut. Ein Rezept der Volksmedizin mischte Sternmiere mit Eicheln oder Eckern in Wein, um Stiche und Seitenstechen zu kurieren.

Der botanische Name *holostea*, Knochenganzmacherin, verweist auf die Verwendung der Pflanze bei der Therapie von Brüchen. *Stellaria* bezieht sich auf Form und Farbe der Blüten: Sie sind weiß

und sternförmig, wie Sterne am Himmel. Oft hat man Blumen und Sterne verglichen, wie Rückert, der das Unendliche und Unvergängliche mit dem Begrenzten, Kurzlebigen zusammensieht. Anders als Sterne kann man die Sternmiere zwar pflücken, doch welkt sie schnell. Da ihre Stengel lang aufsprossen, sind sie so zerbrechlich, daß sie Gräser als Stütze brauchen.

Gott fielen zuerst die Sterne ein, sein »nachträglicher Einfall« waren die vergänglichen und empfindlichen Blumen. Daß die Freude an ihnen deshalb nicht weniger groß ist, zeigt George Eliot in »Die Mühle am Fluß«:

»Der Wald, den ich an diesem milden Maitag betrete, mit ... den weißen Sternmieren, dem blauen Ehrenpreis und dem Efeu zu meinen Füßen – welcher Tropenhain samt Palmen, seltsamen Farnen und kostbaren Blumen könnte so tiefe und empfindsame Saiten in mir anrühren wie diese heimatliche Szene!«

»Und mir«, hielt sie nun ein und, sich neigend,
Brach sie die blaue Glockenblume schweigend, –
»Und mir, die kaum noch findet Erinnerung in sich
An Bilder bess'rer Tage, als Fürstinnen ich glich,
Mir soll die kleine Blume, die diese Auen liebt,
Das Wappen schmücken, das man mir gibt.
Sie trinkt den Tau so gut als es die Rose kann,
Die man im Königsgarten pflanzte an.
Ich stecke mir ins Haar die Glockenblume nur,
Allan, kein Barde zögert nun mit seinem Schwur,
Daß niemals er so wundervolle Krone hab geseh'n.«

*Aus »Die Dame vom See« von Sir Walter Scott (1771-1832)**

Rundblättrige Glockenblume

Campanula rotundifolia

— Ergebenheit, Kummer —

Die Glockenblume wächst in der Wildnis, auf trockenem Kalkboden und in Felsspalten, aber auch auf feuchtem Torfgrund und im Waldesschatten. Sie wirkt sehr zart, ist aber überraschend widerstandsfähig und kann Hitze wie Kälte gut ertragen. *Campanula* bedeutet im Lateinischen »Kleine Glocke«, *rotundifolia* bezieht sich auf die runden Blätter der Pflanze, die auch als Schottische Bluebell bekannt ist und von Juni bis September blüht. Für den Balkongärtner gibt es Campanula-Arten bereits im Frühling.

Die Glockenblume wurde häufig in Liedern, Gedichten und Romanen zum Beispiel in Thomas Manns »Zauberberg« beschrieben. Brockes deutet die glockenförmige Blüte als das Füllhorn Fortunas, der Glücksgöttin. Vielleicht kommt die Bedeutung Ergebenheit daher, daß man sich den Entscheidungen dieser launischen Dame zu fügen hat. Annette von Droste-Hülshoff kennt die zweite Bedeutung Kummer und fühlt sich von Glockenblumen an alles Tote, Vergebliche erinnnert:

Tote Lieb, tote Lust, tote Zeit.
All die Schätze, im Schutt verwühlt,
Sich berühren mit schüchternem Klang
Gleich den Glöckchen, vom Winde umspielt.

Bei Schloß Janowitz in Österreich wuchsen herrliche Glockenblumen. Als Karl Kraus, der gefürchtete Satiriker, dort Sidonie, seine Geliebte, traf, fegte er in einem Gedicht begeistert Gram und Todesgedanken fort.

Sumpfdotterblume

Caltha palustris

— Wunsch nach Reichtum —

Horch, horch! Die Lerch am Himmelstor singt hell,
Der Gott der Sonne steigt herauf,
Sein Roßgespann trinkt süßen Quell
Von Blumenkelchen auf.
Die Dotterblum erwacht aus Traum,
Schlägt ihre goldnen Augen auf.
Lacht jede Blüt im grünen Raum,
Drum, liebes Herz, steh auf:
Steh auf, steh auf!

Aus »Kymbelin« von William Shakespeare (1564-1616)

Von März bis Juni blüht auf nassen Wiesen, an Bächen und Teichen die Sumpfdotterblume, auch Königsbecher, Mariengold, Butter- oder Trollblume genannt. *Caltha* kommt von *kalathos*, dem griechischen Wort für Becher, das lateinische *palustris* bedeutet »im Sumpf wachsend«. Vor der ersten Eiszeit breitete sich die Sumpfdotterblume über riesige Feuchtgebiete Eurasiens und Amerikas aus.

Im Brauchtum gelten für sie viele Regeln, die auch für den Hahnenfuß beschrieben werden. Deutsche, Skandinavier und Iren halten die an Walpurgis gesammelte Blüte für zauberkräftig, sie schützt zum Beispiel das Vieh vor Hexen. Legt man sie einem Mädchen ins Schlafzimmer, hat man Erfolg beim Liebeswerben. Ihre Farbe läßt an Gold denken, das man an einsamen Orten von Trollen erkämpfen muß. Für Eugen Roth hingegen war sie »drallgrün« und »gelbfett«, die typische Frühlingsblume am bayerischen Tümpel.

Frauenschuh

Cypripedium calceolus

— Kapriziöse Schönheit —

Es schien, als hätt' der Wind ihn hergetragen,
Es schien, als hätt' ein Vogel ihn belehrt,
Als wüßte er aus still-geheimer Schau im Nu,
Wo in den Feldern wächst der Frauenschuh.

Aus »Waldnotizen« von
*Ralph Waldo Emerson (1803-1882)**

Früher fand man den Frauenschuh von Lappland bis Malta, von den Pyrenäen bis Nordostasien. Heute ist diese auffallend schöne Orchidee äußerst rar und streng geschützt. Wer sie in voller Blüte findet, dem verheißt der Volksmund das Glück, eine schöne Gattin zu bekommen: Venus hilft. Der Name der Pflanze leitet sich vom griechischen *kypris*, einem Namen der Venus, her, und von *podion*, dem Wort für Schuh. Bei den Griechen hieß diese Orchideenart auch *kosmosandalon*, Sandale der Welt.

Der Frauenschuh gebührt der innerlich unruhigen Schönen, die launenhaft und kapriziös ist, die in der Welt als Pilgerin herumreist, der Zigeunerin. Stifter widmet ein »Feldblumen«-Kapitel, in dem die Helden reisen, dem »Lieb-Frauenschuh«. Eduard Mörike huldigt »Peregrina« im Gedicht:

Ach, Peregrina hab ich so gefunden!
Schön war ihr Wahnsinn, ihrer Wange Glut,
Noch scherzend in der Frühlingsstürme Wut,
Und wilde Kränze in das Haar gewunden.

Wiesenschaumkraut

Cardamine pratensis

— Väterlicher Irrtum —

Anfangs noch ganz allein,
Und dann in Scharen,
In Tälern und am Wiesenrain
Will Schaumkraut bewahren
Mit seinen Nebelschleiern der Schlüsselblumen Gold.
Wie Sonnenaufgang am Morgen leuchtet dir's hold.

*Aus »Ein Frühlingslied« von Alfred Austin (1835-1913)**

Das Wiesenschaumkraut, ein Kreuzblütler, heißt so, weil am saftreichen Stengel die Schaumzikade den sogenannten Kuckucksspeichel erzeugt. Die Namensgebung kann aber auch von dem schaumigen Aussehen der Wiesen herrühren, wenn von Mai bis Juli die silberweißen, oft auch blaßlila oder rosa Blüten des Schaumkrautes leuchten. Der botanische Name *Cardamine* bezeichnet Salatpflanzen. Das Wiesenschaumkraut ist mit der Brunnenkresse verwandt. In Frankreich nimmt man es als Salat, aber auch als Stimulanz- und Verdauungsmittel zu sich. Romantische Seelen genießen den Anblick einer Wiese, auf der über dem weißen Schaumkraut die Aurorafalter schweben, die sich von ihm ernähren. Als Bauernregel gilt, je mehr Schaumkraut, desto weniger Heu, so ist die Hungerblume unbeliebt. Als Donnerblume, oder wie die Schweizer sagen, Dundermaie, zieht es den Blitz an. Man darf es deshalb nicht ins Haus bringen.

Die Engländer gaben der Pflanze den poetischen Namen Lady-Smock, Damenkittelchen. Wie

viele weißblühende Blumen gehört das Wiesenschaumkraut zur Marienlegende. Es war die Lieblingsblume Alfred Austins, der auf die Frage, ob das Leben lebenswert sei, antwortet:

Ja, im Frühling,
Wenn Kinder sich auf den Wiesen bücken
Nach Veilchen und nach Lady-Smock,
Um sich mit Ketten aus Blumen zu schmücken ...

Die Bedeutung der Pflanze »Väterlicher Irrtum« ist rätselhaft und kann nicht klar erschlossen werden.

Scharbockskraut

Ranunculus ficaria, auch: *Ficaria verna*

— Künftige Freuden —

Gott schuf das Scharbockskraut. Indessen,
Den Bock dazu hat er vergessen,
Weshalb das Kraut zwar grünt und sprießt,
Jedoch vergebens,
Weil niemand kommt, der es genießt.
(Ein Inbegriff verfehlten Lebens.)

»Das Scharbockskraut« von Karl Heinrich Waggerl (1897-1973)

Waggerls Verse haben nichts mit der wahren Geschichte des Krauts zu tun, das immer wieder genossen wurde. Der Name Scharbock bezeichnete früher den Skorbut. Man nahm die Pflanze als Heilmittel gegen Vitamin-C-Mangelkrankheiten ein. Als im 17. Jahrhundert London von einer Epidemie heimgesucht wurde, mischte man eine halbe Handvoll Scharbockskraut, pulverisiertes Elfenbein und sechs Löffel Drachenwasser zu einer Wundermedizin. Das Scharbockskraut entwickelt weiße, weizenkornähnliche Brutknospen in den Blattachseln, die vor allem bei Regen zu Boden fallen. Noch 1857 verzeichnete man in Dittmansdorf einen Regen von solchem »Getreide«, aus dem das Volk wundergläubig Brot backte.

Wordsworth und Tennyson erwähnen das Schwalbenkraut als Glücksbringer. Die Blume blüht, wenn die Schwalben zurückkehren, also sehr früh im Jahr. Darauf bezieht sich auch die Symbolsprache der Blumen, wenn sie auf kommende Freuden verweist. *Ficus* ist der lateinische Name der Feige, im Deutschen heißt das Kraut wegen der Form der Wurzelknollen auch Feigwarzenkraut.

Wilde Malve

Malva silvestris

— Sanftmut —

... Denn wie ihr so dasteht,
Regungslos,
Ist es mir, als wolltet ihr zu mir sprechen,
Wolltet mir Kunde geben
Vom Urquell der Dinge,
Der geheimnisvoll eure Wurzeln tränkt,
Und dem ihr näher steht als der Mensch ...

Aus »Die Malven« von Ferdinand von Saar (1833-1906)

Die Schönheit der Malve, deren rosaviolette Blüten etwas von der Glut des Südens bis nach Deutschland tragen, begeisterte die Dichter. Goethe ließ in Weimar Malven anpflanzen. Noch unmittelbar vor seinem Tod befaßte er sich mit den Plänen seines Gärtners, die das Vermehren der Malven vorsahen.

Malven kommen bis 1800 Meter Höhe in der ganzen Welt vor und wurden von der Antike bis heute von Medizinern und Köchen geschätzt. Für Suppe und Tee bildet sie eine Grundlage. *Malva* stammt vom griechischen *malakos*, das heißt sanft. Sie hilft bei Hautentzündungen oder Insektenstichen. Barthold Hinrich Brockes teilt mit, wie man diese Arzneipflanze im 18. Jahrhundert nutzte:

Ihr fehlt zwar der Geruch; doch hat in Arzeneien
Man ihrer sich gar sehr zu freuen.
Ihr fettes Öl versüßet, lindert,
Besänftiget, heilt, vermindert,
Und stillt den heißen Brand,
Der öfters im Geblüt, im Hals und an der Zungen
Mit großer Pein nimmt überhand.

Mädesüss

Spiraea ulmaria

— Nutzlosigkeit —

Lag ich jüngst im hohen Sommergrase,
Hatte gern das Menschenvolk gemieden.
Grade, grade über meiner Nase
Zog ein Schäferwölkchen hin in Frieden;
Zog im Blauen seine stille Straße,
Zog den Weg ins Land der Pyramiden.
Nickten Blumen, summten Himmelbrummer,
Summten langsam, langsam mich in Schlummer.

»Hinüber« von Detlev von Liliencron
(1844-1909)

Alles an dieser bis zwei Meter hohen Staude duftet: die weißen, in Trugdolden angeordneten Blüten und die leichten, gefiederten Blätter. Manchen erinnert der Duft an Mandeln, andere an Honig.

Sein deutscher Name leitet sich vom Met ab, weil die Blätter dem Honiggetränk zugesetzt wurden. Man rieb in vielen Gegenden mit Mädesüß die Bienenstöcke aus, aber auch Bräute wußten den Duft zu schätzen und ließen die Kirche mit Mädesüß schmücken. Königin Elisabeth I. von England ließ Paläste und Festsäle damit dekorieren. Als Johanneswedel oder Sonnwendfeder wurde Mädesüß zur Sommersonnenwende gesammelt und in Haus und Stall ins Gebälk gehängt, um einen Schutzzauber zu bewirken.

Ackerwinde

Convolvulus arvensis

— Werterhaltung, Unbeugsamkeit, Eigensinn —

In diesem stillen Winkel überm halbreifen Feld,
Schafhirt, will ich sein bis Sonnenuntergang.
Rot leuchtet Mohn durchs dichte Korn der Welt,
Ich seh, wie sich um Halme, gelb und lang,
Blaßblau die Ackerwinde rankt …

Aus »Der gelehrte Zigeuner« von
*Matthew Arnold (1822-1888)**

Das lateinische *convolvulus* beschreibt das Verhalten des Unkrauts richtig: Es umwindet etwas. Da es andere Pflanzen gefährdet, empfehlen selbst Liebhaber wilder Gärten, es auszurotten. Das fällt schwer, weil die Wurzeln zwei Meter tief reichen, »bis in die Hölle«, klagen geplagte Bauern. Daß sie stets nachwächst, macht die Ackerwinde zum Symbol des Eigensinns, aber auch des Werterhaltes.

Die zauberhaften Blüten, meist weiß oder rosa, manchmal blau, haben Kelchform. Der Legende nach half die Gottesmutter einem Fuhrmann. Er kredenzte ihr dafür Rotwein in einer Windenblüte, im »Muttergottesgläschen«. Die Blüten der Ackerwinde welken schon nach einem Tag, eine Tatsache die sie zum Symbol der Vergänglichkeit machte. Der Japaner Moritake (1452-1549) dichtete auf dem Sterbelager: »Schnell gleich den Windenblüten scheint mir mein Leben vergangen zu sein.«

Margerite

Chrysanthemum leucanthemum

— Geduld, Nachsicht —

Soll ich ihn lieben, soll ich ihn hassen,
Dem sich mein Herz schon heimlich ergab?
Soll ich mich üben, recht ihn zu hassen?
Rate mir gut, doch rate nicht ab! ...

Laß ich von schlimmer Wahl mich betören
Besser, ich legte gleich mich ins Grab,
Klug ist es immer, auf Rat zu hören –
Rate mir gut, doch rate nicht ab!

Aus »Mädchenlieder, Nr. 5«
von Paul Heyse (1830-1914)

Fausts Gretchen verwendet ihre Namensverwandte für ein Wahrsagespiel, das ihr Liebesglück verheißt. Vorübergehend trifft es ja auch ein, doch braucht sie Geduld, erst mit der Orakelblume, die immerhin bis zu 43 Blätter aufweist, dann mit Faust: trotz aller Verliebtheit läßt er sie häufig allein.

Es gibt unzählige Varianten des Margeriten-Orakels. Man zählt an den Blättern den Beruf aus: »Edelmann, Bettelmann, Bauer, Soldat, König, Kaiser, Advokat«. Am Johannestag verspricht die Befragung der Johannes-Blume besonders viel Erfolg. Wer sich traut, kann sich sein Schicksal im Jenseits prophezeien lassen: »Himmel, Hölle, Fegefeuer« lauten die Alternativen.

Der botanische Name stammt vom griechischen *chrysos*, Gold, und *anthemon*, Blume, für die gelben Blüten im Zentrum, sowie *leucos*, weiß, für die Strahlblüten am Rand.

Osterblume

Pulsatilla pratensis

— Du hast keinen Anspruch! —

Jetzt wickelt sich der Himmel auf,
Jetzt b'wegen sich die Räder,
Der Frühling rüstet sich zum Lauf,
Umgürt' mit Rosen-Feder …
Je-länger-lieber, Sonnentau,
Basilien, Brunellen,
Agleyen auch und Bärenklau,
Dann Mohnsam', Glock' und Schellen.

Aus »Beschreibung der fröhlichen Sommerzeit« von Friedrich von Spee (1591-1635)

Pünktlich zu Ostern wagt sich diese Blume aus der Erde. Die Blüten liefern hellgrüne, die Blätter dunkelgrüne Farbe zum Färben von Ostereiern.

Pulsatilla bezieht sich auf die medizinischen Eigenschaften der Osterblume: Sie reguliert den Puls, den Herzschlag und ist mit Vorsicht einzusetzen. In höherer Dosis wirkt sie giftig. Homöopathen verwenden diese wertvolle Arzneipflanze bei der Therapie von Masern. *Pratensis* bedeutet »im Feld wachsend«.

Küchenschelle, wie die Osterblume auch heißt, hat nichts mit Küchen zu tun, sondern mit Küh-chen und deren Glocken. Sie war früher oft auf Weiden anzutreffen, doch wurde sie wegen ihres Giftes vom Vieh gemieden. Heute gehört sie zu den gefährdeten Arten.

Kleines Immergrün

Vinca minor

— Freundschaft —

So nur gibt's für uns kein Alten,
Kein Verwelken, kein Verblühn,
Wenn wir treu verbunden halten
Fest der Freundschaft Immergrün.

August Heinrich Hoffmann von Fallersleben (1798-1874)

Die Bedeutung der Pflanze ergibt sich daraus, daß sie ihre langen Triebe wie Freundesarme ausstreckt und stets grün bleibt. Das lateinische *vinca* heißt Band, *minor* klein. Das Immergrün mit seinen hellblauen Blüten gehört zu den ältesten Gartenpflanzen. Aus Südeuropa wurde es nach Norden importiert. Hier verwilderte es von Burggärten aus.

Im Mittelalter sah man es als Symbol für Unsterblichkeit und Tod an. Einen Immergrünkranz trugen Verurteilte zur Hinrichtung und man schmückte damit die Gräber. Das Brauchtum weiß, daß Vincablätter im Essen streitende Paare versöhnen. Da die Pflanze der Venus gehört, gilt sie als Aphrodisiakum.

Geht ein Kind erstmals zur Schule, soll man ihm Immergrün auf den Kopf legen und sprechen: »Geh zu und lerne was!« Die Blätter steigern das Gedächtnis. Heute weiß man, daß Immergrün das Alkaloid Vincamin enthält und die Durchblutung des Gehirns fördert. Die Heilpflanze hilft auch bei Bluthochdruck.

Über zerfallnem Haus
Träumt die Geschichte,
Webet das Immergrün
Zarte Gedichte.

Julius Mosen (1803-1867)

Klatschmohn

Papaver rhoeas

— Träumerei, Ruhe, Schlaf —

Schmück dir das Haar mit wildem Mohn,
Die Nacht ist da,
All ihre Sterne glühen schon.
All ihre Sterne glühen Dir!
Du weißt es ja:
All ihre Sterne glühn in mir!

Richard Dehmel (1863-1920)

Wer kann sich der Schönheit des blühenden Mohns entziehen? Nicht die Maler und nicht die Dichter. In Japan bedeutet die rote Mohnblume,daß »höchste Gute und höchste Schönheit« vereint sind. Hierzulande wird meist nicht genau getrennt zwischen dem Klatschmohn, der Träumereien und fantastische Extravaganzen symbolisiert, und dem orientalischen Mohn mit der Bedeutung Schlaf und Ruhe. Dehmel bezieht sich auf den Klatschmohn heimatlicher Felder, Ludwig Uhland dagegen auf den Schlafmohn:

Wie dort, gewiegt von Westen,
Des Mohnes Blüte glänzt!
Die Blume, die am besten
Des Traumgotts Schläfe kränzt;
Bald purpurhell, als spiele
Der Abendröte Schein,
Bald weiß und bleich, als fiele
Des Mondes Schimmer ein.

Zur Warnung hört ich sagen,
Daß, der im Mohne schlief,
Hinunter ward getragen
In Träume, schwer und tief;
Dem Wachen selbst geblieben
Sei irren Wahnes Spur,
Die Nahen und die Lieben
Halt er für Schemen nur …

Stengellose Schlüsselblume

Primula vulgaris

— Frühe Jugend, Trauer —

Willkommen, bleiche Schlüsselblume!
Du blühst nun auf
Aus toten Eschenblättern, totem Eichenlaub,
Das jede Wiese deckt, blühst auf aus braunem Staub,
Aus grünem Moos und Efeuranken an der Bäche Lauf.
Wie dein Erscheinen schön den Boden schmückt,
Wie süß dein edler Stolz erblüht,
Auf sonnigen Flecken, im Wald, am Weiher glüht,
Und wo sonst noch dein Blühen uns beglückt.

*Aus »Ländliche Gedichte« von John Clare (1793-1864)**

Die Farbe der Schlüsselblumen ist als gelb, weiß, sogar grün definiert worden. In Versen aus der Zeit der Blumensprache wurde häufig von der »bleichen Schlüsselblume« gesprochen, die Traurigkeit und frühe Jugend zu verkörpern hatte, was darauf hinweist, daß damals viele Menschen in jungen Jahren starben. Shakespeare bezieht sich im »Wintermärchen« auf jene »bleichen Primeln, die als Jungfern sterben«.

Der britische Staatsmann Benjamin Disraeli war ein Verehrer der Schlüsselblume. Queen Victoria erfuhr davon und schickte ihm täglich einen Strauß. Als er 1881 starb, pflanzte man Schlüsselblumen auf sein Grab. Seine Parteifreunde gründeten die »Primrose League«, um Disraelis Ideale zu pflegen.

Die *Primula vulgaris* ist der Himmelsschlüssel des Apostels Petrus.

Edward Waite

Wilde Möhre

Daucus carota

— Festlichkeit —

Und das schönste Gemisch von blühenden Feldern,
Goldenen Saaten und grünenden Wäldern,

Himmel und Erde im lachenden Glanz
Wiegten sich um mich im sanftesten Tanz.

Aus »Die Herrlichkeit der Schöpfung« von Friedrich von Schiller (1759-1805)

Von Mai bis Oktober herrscht die Wilde Möhre mit ihren weißen Blütendolden über die Wiesen, und das auf der ganzen Welt. Da sie sehr dekorativ ist, schmückte sie bei Hochzeiten und Feiern Häuser und Kirchen, so daß sie zum Symbol der Festlichkeit wurde.

Die Wilde Möhre, aus der in jahrhundertelanger Auslese die Gartenmöhre gezüchtet wurde, ist für Engländer untrennbar mit Queen Anne verbunden. Queen Anne's Lace, Annas Spitze, heißt die Pflanze, weil sie aussieht wie jene Kreationen, die die Königin als Kopfputz bevorzugte.

Eher komisch-gruselig zeigt E.T.A. Hoffmanns Märchen »Die Königsbraut« den Möhrenkönig Daucus carota. Ännchen, verlobt mit einem weltfremden Studenten, zieht im Garten mit einer Mohrrübe einen Ring aus der Erde, streift ihn über; schon will der Möhrenkönig sie in sein dunkles Reich entführen. Bevor Ännchens Haut völlig gelb wird und sie auf Rübenformat schrumpft, rettet ihr Verlobter sie. Hoffmann spielt mit der Möhre als Phallussymbol. Die Griechen hielten sie für ein Aphrodisiakum. Auch Epilepsie therapierte man damit. Die Wilde Möhre liefert heute Arzneistoffe gegen Husten, Nierenerkrankungen und Koliken.

Kuckuckslichtnelke

Lychnis flos-cuculi

— Gewitztheit —

Laß nie, auch wenn es wahr, ein Mädchen glauben, sie sei
In alten Kleidern schöner als in neuen.
Und sollte eine hohe Dame sich erregen, daß im Mai
Ein Fürst sich einer Lumpenliese will erfreuen,
Die er am Weg gepflückt, um, ganz verrückt,
Bei Hofe einzuführ'n das schöne Kind:
Dann wäret ihr beschämt, und schlimmer, auch der Fürst,
Dem wir verpflichtet sind.

*Nach »Die Heirat von Geraint« von Alfred Lord Tennyson (1809-1892)**

Wer eine Wiese voll rosaroter Kuckuckslichtnelken sieht, kann sich glücklich schätzen. Sie blühen von Mai bis August an feuchten Stellen, die heute wegen der Drainage der Wiesen selten geworden sind. Das griechische *Lychnis* bedeutet Lampe, *flos-cuculis* bezieht sich auf den Kuckucksspeichel genannten Schaum von Zikaden, die gewitzt genug sind, sich am Stengel der Blumen zu verstecken. Der ausgefransten Blüten wegen heißt die Blume in England Ragged Robin, Zerlumptes Rotkehlchen. Sie ist die arme Schöne, die im Märchen den König bezaubert und allen Widerständen zum Trotz, Königin wird. Darauf spielt Tennyson in seinem Gedicht an.

Schachblume

Fritillaria meleagris

— Verfolgung —

Ich weiß, welch purpurweiße Pracht
Im Gras der Uferwiesen sprießt
Flußaufwärts und flußabwärts, und was an Bächen fließt
Schilfreich zur Themse, die ihr Tribut gebracht.

*Aus »Thyrsis« von Matthew Arnold (1822-1888)**

Schachblumen wuchsen einst wild im Balkangebiet und in Frankreich. Das Liliengewächs ist mit Gartentulpen und Türkenbundlilien verwandt, blüht im April und Mai und braucht Sumpfwiesen oder Flachmoore. *Fritillaria* ist das lateinische Wort für den Würfelbecher, *meleagris* der griechische Name des Perlhuhns, das so gesprenkelt ist, wie die Blüte.

In Frankreich war die Schachblume bereits im 15. Jahrhundert sehr beliebt und erhielt schließlich zu Ehren des Apothekers Noël Capron den Namen *Narcissus caparonius*. Er stammte aus Orleans und wurde während der Bartholomäus-Nacht am 24. August 1572 wie viele Hugenotten ermordet. Nach diesem Massaker flohen zahlreiche Hugenotten nach England. Sie brachten die Schachblume auf die Insel, der man dort wegen der Ereignisse in Frankreich die Bedeutung Verfolgung zuwies. Heute stehen die seltenen Schachblumen unter Naturschutz.

Schneeglöckchen

Galanthus nivalis

— Hoffnung —

... Bruder, nun freu dich doch!
Schneeglöckchen bracht' ich, wenige noch,
Heiter und hoffnungsvoll schaun sie zur Wintersonne hoch
Aus kalter Erde und bitten sie um Segen.

*Aus »Die Monate« von Christina Rossetti (1830-1894)**

Als erste der Frühlingsblumen wurde das Schneeglöckchen, das zu den Amaryllisgewächsen gehört, aus seiner Heimat in Südeuropa entführt und in nördlichere Gärten verpflanzt. Da es mitunter schon im Februar aus der Erde lugt, wurden zur Feier von Mariä Lichtmeß, am zweiten Februar, die Häuser und Altäre damit geschmückt. Der botanische Name des Schneeglöckchens leitet sich von zwei griechischen Worten her, *gala*, Milch, und *anthos*, Blume, sowie dem lateinischen, *nivalis*, im Schnee wachsend.

Um das Schneeglöckchen ranken sich viele Legenden. Eine erklärt die Widerstandsfähigkeit der Pflanze: Bei der Erschaffung der Welt schenkte sie ihre weiße Farbe dem Schnee, so daß er ihr aus Dankbarkeit nichts antut. Eine andere Legende hält die Erschaffung der Blume dem Engel zugute, der nach dem Sündenfall Adam und Eva aus dem Paradies warf. Weil auf Erden Winter war, wurde Eva verzweifelt und mutlos. Der Engel redete ihr gut zu und verhieß ihr den Frühling. Eva konnte ihm wegen des Schnees nicht glauben. Da hauchte der Engel ein paar Schneeflocken an, die zur Erde fielen und sich in Blumen verwandelten. Seither symbolisieren Schneeglöckchen die Hoffnung. Mancher Dichter ließ sich von ihnen inspirieren.

Man siehet die Natur auf ihren Blättern scherzen.
Die innern sind bemalt mit kleinen grünen Herzen,
Der frohen Hoffnung Liebeley.
Ich wünsch', indem ich dieses sehe,
Daß, da der Frühling in der Nähe,
Mein Herz auch voller Hoffnung sei ...

Aus »Die Schnee- und Crocusblume« von Barthold Hinrich Brockes (1680-1747)

Falsches Salomonssiegel

Polygonatum multiflorum

— Diskretion, Geheimnis —

Kanäle alle, die die Stadt durchschwimmen,
Sind von den Lilienwäldern sanft umsäumt.
Am Bug der Kähne, wo die Lampen glimmen,
Stehn groß die Schiffer, und der Abend träumt

Wie zarte goldene Kronen um die Stirnen.
Der tiefen Augen dunkler Edelstein
Umschließt des hohen Himmels blasse Firnen,
Wo weidet schon der Mond im grünen Schein.

Aus »Schwarze Visionen« von Georg Trakl
(1887-1914)

Weiße, wachsartige Blütenkelche mit grünen Rändern hängen an den hohen Stengeln der Waldblume, auch »Vielblütige Weißwurz« genannt. Das giftige Liliengewächs ist mit dem Duftenden Salomonssiegel, Maiglöckchen und Spargel verwandt. Es gedeiht in Europa, Japan und Kleinasien, nah am Reich des biblischen Königs Salomon. Berühmt als Richter und Magier, verfügte er über geheimes Wissen: mit Hilfe der Schamir-Wurzel sprengte er die Felsen beim Tempelbau in Jerusalem.

Den Wurzeln verdankt das Salomonssiegel seine Bedeutung in der Blumensprache. Manch einer schnitt sie auf und fühlte sich von der Maserung an hebräische Geheimtexte erinnert, in den Spuren alter Triebe am Wurzelstock erkannten andere Salomons »Siegel der Verschwiegenheit«. Zur Wundbehandlung verwendete man seit Dioscorides getrocknete Wurzeln der Salomonssiegelarten.

Duftendes Veilchen

Viola odorata

— Anstand, Bescheidenheit —

Was von allem Zarten der Erde glich euch,
O ihr süßen Verletzbaren?
Tiefe heil'ge Stille, wie dieser Landschaft,
Ist auch euer Geist ...

Aus »Die Veilchen des Albanersee's«
von Wilhelm Waiblinger (1804-1830)

Lateinisch *odorata* heißt »süß duftend«. Der Schweizer Dichter Robert Walser notierte, dieser Duft löse ein »zartes, unbestimmtes Glücksgefühl« aus. Lange heilte man Melancholie, Kopfschmerz und Schlaflosigkeit mit Veilchen. Da sie sich, wie einst wohlerzogene Mädchen, im Verborgenen aufhalten, wurden sie Symbole für Bescheidenheit und Anstand. Der Komponist Franz Liszt schrieb 1851 an Caroline von Sayn-Wittgenstein: »Hier sind die ersten Frühlingsveilchen, ich schicke sie Dir, die Du mein ewiger Lenz bist ...«

Der dichtende Weltenbummler Max Dauthendey sah in ihnen ein Stück Heimat: »Als ich nach viermonatlicher Reise durch Asien im Mai nach Japan kam, fühlte ich mich ..., als wäre ich in meiner fränkischen Heimat angekommen. Die Veilchen an den Wiesenrändern in Nagasaki ..., alles erinnerte mich an die Frühlingsfestlichkeit in Franken, an die heimlichen Veilchenverstecke dort.«

RAINFARN

Tanacetum vulgaris

— KAMPFANSAGE —

Lucia, spielen wir beim Fest
Um Wein und süßen Kuchen.
Und wer verliert, zahlt für den Rest
Mit Rainfarnmünze: Komm, wir suchen!

*Nach »Hesperiden« von Robert Herrick (1591-1674)**

Herrick zeigt, daß Kampfansagen im »Krieg der Geschlechter« nicht ernstzunehmen sind, sondern als Einladung zum Spiel gelten. Die Bedeutung »Kampfansage« erhielt der »goldknopfige Rainfarren«, wie ihn Storms Novelle »Aqua submersis« nennt, wohl wegen seines scharfen Dufts.

Tanacetum wurde von griechisch *athanatos*, unsterblich, abgeleitet. Das Brauchtum verlangt, daß man an Ostern Rainfarnblätter zu Kuchen verarbeitet. Der Volksglaube besagt, wer im Juni am Johannestag Rainfarnblüten am Hut trägt oder sich in die Schuhe streut, wird unsichtbar. Doch nur an diesem Tag!

Wilde Karde

Dipsacus sylvestris

— Menschenfeindlichkeit —

Und wo kein Mensch je säte,
Hab ich mir Disteln angebaut.
Die wuchernden Reseden,
Den starren Wermut und das Jakobskraut.

Um Kletten rankt sich hier der Natternkopf
Und stachelreiche Karden überragen
Die Dolden, gelb und weiß.
Wer sonst wollt so ein Sträußchen tragen!

Nach »Die faulen Blumen« von
*Robert Bridges (1844-1930)**

Bridges reihte die Karde wohl nur versehentlich unter Unkraut und faulen Blumen ein. Ihre malvenfarbenen Blüten locken die Bienen an. Sie entwickeln sich zu eiförmigen Samenkapseln mit Haken an den Stacheln, die man seit Jahrhunderten in der Stoffindustrie zum Aufrauhen von Wollgewebe verwendet. Bis heute hat kein Techniker die Natur übertroffen und eine Maschine erfunden, die es mit der Karde aufnimmt. Pro Jahr verbraucht ein einziger Stoffhersteller an die 20.000 dieser Kardenköpfe.

So nützlich sich die Samenkapseln für die Industrie erweisen, so unangenehm ist es sich daran die Haut zu zerstechen. Als »bewaffnete« Pflanze, die an den einsamsten Orten gedeiht, kam ihr in der Sprache der Blumen die Bedeutung der Menschenfeindlichkeit zu.

Am Stengelgrund der bis zwei Meter hohen Gewächse bilden die Blätter einen Trichter, in dem sich das Regenwasser sammelt. Daraus erklärt sich ihr botanischer Name, denn griechisch *dipsao* heißt »durstig sein«. Plinius versichert, Venus selbst benutze diese Badewanne. Wer sich mit Karden-

wasser wäscht, kann so schön wie die Liebesgöttin werden. Man behandelte mit dem Wasser außer Sommersprossen auch entzündete Augen. Alte Heilzauber raten, bestimmte Insekten von den Kardenblüten abzuklauben und zu Amuletten gegen das Viertagefieber zu verarbeiten.

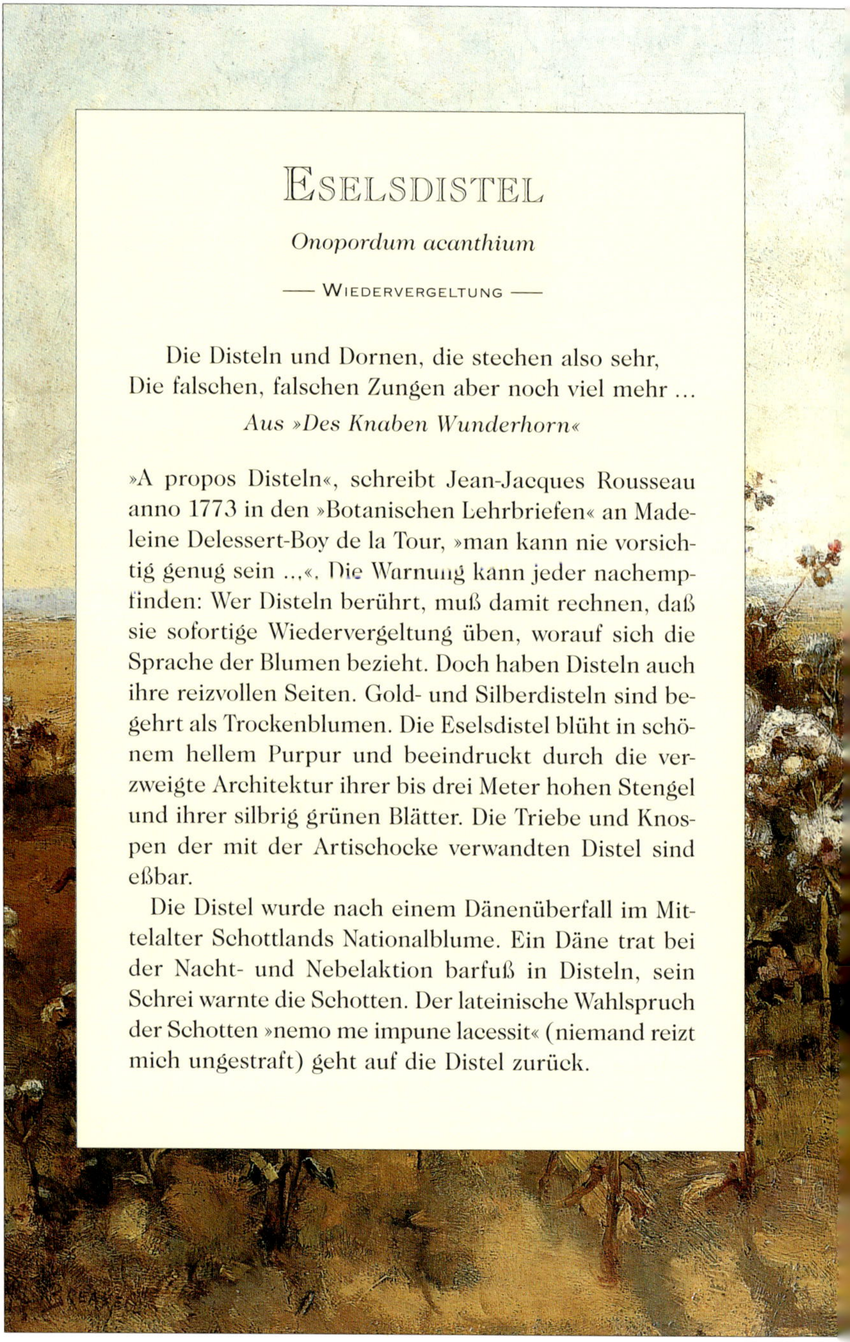

Eselsdistel

Onopordum acanthium

— Wiedervergeltung —

Die Disteln und Dornen, die stechen also sehr,
Die falschen, falschen Zungen aber noch viel mehr …
Aus »Des Knaben Wunderhorn«

»A propos Disteln«, schreibt Jean-Jacques Rousseau anno 1773 in den »Botanischen Lehrbriefen« an Madeleine Delessert-Boy de la Tour, »man kann nie vorsichtig genug sein …,«. Die Warnung kann jeder nachempfinden: Wer Disteln berührt, muß damit rechnen, daß sie sofortige Wiedervergeltung üben, worauf sich die Sprache der Blumen bezieht. Doch haben Disteln auch ihre reizvollen Seiten. Gold- und Silberdisteln sind begehrt als Trockenblumen. Die Eselsdistel blüht in schönem hellem Purpur und beeindruckt durch die verzweigte Architektur ihrer bis drei Meter hohen Stengel und ihrer silbrig grünen Blätter. Die Triebe und Knospen der mit der Artischocke verwandten Distel sind eßbar.

Die Distel wurde nach einem Dänenüberfall im Mittelalter Schottlands Nationalblume. Ein Däne trat bei der Nacht- und Nebelaktion barfuß in Disteln, sein Schrei warnte die Schotten. Der lateinische Wahlspruch der Schotten »nemo me impune lacessit« (niemand reizt mich ungestraft) geht auf die Distel zurück.

LEINKRAUT

Linaria vulgaris

— VERMESSENHEIT —

Und wenn sie nach der Blume, die
Sich auf vom Boden rankt,
Um ihr den Saum zu küssen, nie
Sich niederneigt und dankt ...

Ihr Blumen, die ihr still und rein
Blüht, welket und zerstiebt!
Die soll nicht nicht meine Freundin sein,
Die nicht die Blumen liebt.

Aus »Meine Freundin« von Friedrich Rückert (1788-1866)

Die hellgelben Blüten des Leinkraut mit den orangen Lippen erinnern an das farbenprächtige Löwenmaul, da sie aber deutlich kleiner sind, heißt dieser Rachenblütler mancherorts Krötenflachs oder, charmanter, Frauenflachs. Man findet ihn von Juni bis Oktober auf Äckern, Bahndämmen, Schuttplätzen und am Wegrand.

Als echtes Unkraut breitet sich die Pflanze zum Ärger der Gärtner unbezähmbar aus. Der Volksglaube besagt, Leinkraut-Tinktur helfe gegen die Beulenpest. Der Wanderer, der sich die Blüten in die Schuhe steckt, wird nicht müde.

Rauhhaariges Weidenröschen

Epilobium hirsutum

— Anspruch —

Es beraubt die geschickte Tyrannin mit ihrer Linken
Die großen Blumen, die hinter ihr wachsen, der Blüten,
Lichtnelken, Fingerhut und Weidenröschen:
Und plötzlich, als eine, die mit Zeit nur tändelt,
Wirft alles sie ins Wasser! Nun ist der Zauber
Ganz gebrochen – die ganze schöne Traumwelt
Löst sich auf. Und tausend Kreise
Wirbeln, sich zerstörend, durcheinander. Bleib,
Arme Jugend, die du kaum die Augen wagst zu heben.

*Aus »Das Bild« von Samuel Taylor Coleridge (1772-1834)**

Seinen stark behaarten Blättern und den haarigen Samen, die früher für Kerzendochte verwendet wurden, verdankt *Epilobium hirsutum* den Beinamen rauhhaarig. In Luxemburg spricht man romantisierend vom »Muttergotteshaar«. Vom griechischen *epi*, auf, und *lobos*, Hülse, wurde der botanische Name abgeleitet.

Die Blumen wachsen auf den Samenhülsen. Zerreibt man die Blätter, so verbreiten sie einen feinen Duft. Weidenröschen, die man an Jacobi sammelt, sollen Mundfäule kurieren.

Es gibt etwa zwanzig Arten Weidenröschen. Doch das rosarot blühende Rauhhaarige Weidenröschen ist besonders schön und unverwechselbar, da es immer in Gruppen an Bächen und Flüssen vorkommt, in Europa (außer Skandinavien), Nordafrika und Asien. Tennyson konnte sich einen Gewässerlauf ohne Weidenröschen kaum vorstellen:

Mit manchem Mäander schmück ich das Land,
Ich wind mich durch Felder und Brache grün.
Und im Vorgebirge, entlang meinem Band,
Die Weidenröschen und Malven rot blühn.

Buschwindröschen

Anemone nemorosa

— Krankheit, Überdruss —

Komm! Laß uns hier die Anemonen pflücken;
Dem Liebling sei's ein Liebesangebinde.
Wir woll'n sie wohlverwahrt nach Hause schicken,
Man soll aufs Grab sie legen unserm Kinde.
Sein kleiner Hügel ist nun überschneit,
Und uns umblüht der Frühling weit und breit ...

Aus »Aus Rom« von Paul Heyse (1830-1914)

Die weißen Sternblüten des Buschwindröschens zeigen sich ab März, gern in Gesellschaft der »bleichen Primeln«. Sie blühen, solange der Wald noch wenig belaubt und vom Licht durchflutet ist. Schon im Mittelalter schmückte man mit Buschwindröschen Kindergräber. Von Paul Fleming sind mehrere Trauergedichte auf Kinder überliefert, die diesen Brauch bezeugen. Seither drücken sie aus, daß man krank und des Lebens überdrüssig ist, weil man einen geliebten Menschen verloren hat oder fürchtet, ihn zu verlieren. Andererseits spricht das Volk Wildanemonen die Kraft zu, Mensch und Vieh vor Krankheit zu bewahren, wie ein altes Volkslied bezeugt:

Sie nähte in sein Wams voller Liebe
Die erste Anemone des Frühlings ein,
Auf daß er, wie wild er's auch triebe,
Vor Pestilenz möcht' behütet sein.

Waldgeissblatt

Lonicera periclymenum

— Liebesbande —

Wolltest du mit deinem Dufte warten,
Bis ich käm an diesen stillen Ort?
Blühtest ohne Beet und Garten
Hier im Wald bis in den Winter fort?

Aus »Auf eine Geissblattranke«
von August Graf von Platen (1796-1835)

Es gedeiht an den trostlosesten Plätzen und ist, wenn nicht die schönste der wilden Kletterpflanzen, so auf alle Fälle die am häufigsten bedichtete. Dabei schmarotzt es nicht, sondern bedarf lediglich einer Kletterhilfe durch Zäune oder Hecken. Der schwedische Botaniker Carl von Linné (1707-1778) gab dem Waldgeißblatt den Namen *Lonicera* zu Ehren Adam Lonicers, eines Naturforschers des 16. Jahrhunderts.

Die Bedeutung Liebesbande erklärt ein Blick auf die langen Ranken des Gewächses. Man pflanzte Geißblatt oft als Laube, da es einen angenehmen Duft ausströmt. Das Volkslied aus »Des Knaben Wunderhorn« von 1806 weiß um die bindende Kraft des Geißblatts, auch Jelänger-Jelieber genannt, und gibt gleich das Gegenmittel an:

Das Kraut Jelänger-Jelieber
An manchem Ende blüht,
Bringt oft ein heimlich Fieber,
Wer sich nicht dafür hüt;

Ich hab es wohl vernommen,
Was dieses Kraut vermag,
Doch kann man dem vorkommen,
Wer Maßlieb braucht all Tag.

Waldsauerklee

Oxalis acetosella

— Freude, Mütterlichkeit —

O Morgenpracht im Wald! Es stehn die Kelche
Der Blumen mit des Taues Perlen da,
Wie Kelche mit des lichten Trankes Resten
Von einem nächt'gen Elfenbachanal.
Es rauscht im Tal der Bach, es grünt die Schlucht
Vom Laub verblühter Frühlingsanemonen
Und Sauerklee. Ligustersträucher klettern
Den Hang empor. Auf grüner Waldeswiese,
Wo Kräuter würzig duften, halt ich Rast ...

Aus »Morgenpracht im Walde« von Robert Hamerling (1830-1889)

Waldsauerklee wird auch Hasen- oder Kuckucksbrot genannt. Hasen halten sich im Klee auf, und er blüht, wenn der Kuckuck ruft. Wer die ersten drei Kuckucksblätter verzehrt, bekommt kein Fieber, weiß der Volksglaube. Da die dreizähligen Blätter an die Dreifaltigkeit erinnern, heißt er in England Halleluja.

Die hauchzarte Pflanze trägt anmutige weiße Blüten mit feinen rötlichen Streifen und wächst im schattigsten Wald. Als wolle er sich schützen, schließt sich der Sauerklee bei Einbruch der Nacht, bei Regen oder wenn er berührt wird. Seine Blätter bilden dann eine Art Miniaturwall. Manchmal, etwa bei Sturm, wirft er seine Blüten ab. Er verhält sich wie man es von einer Mutter erwartet, die bei Gefahr die Arme um ihr Kind legt, ihren kostbarsten Besitz aufgibt, um es zu retten.

Vom griechischen *oxys*, sauer, und von *acetosella*, Weinessig-Salz, stammt der lateinische Name des Gewächses, aus dem man Sirup und Soßen zubereiten kann.

Gewöhnliche Schafgarbe

Achillea millefolia

— Kampf, Krieg —

Schafgarbe, roter und weißer Klee,
Eine Taglichtnelke und Wiesenschnee,
Ein Butterblümchen, Kamillen und Gräser
Und einiges andere feine Gefäser.
Wer hat denn diesen Strauß besessen,
Wer hat ihn gepflückt und dann vergessen?
Sie ging wohl mit ihrem Schatz beiseit
In eine stille Seligkeit.

Aus »Der Feldblumenstrauß« von
Detlev von Liliencron (1844-1909)

Haben im Herbst die meisten anderen Blumen schon ausgeblüht, erheben die Schafgarben noch lang auf der Nordhalbkugel der Erde ihren weißen oder rötlichen Kopf. Achill, der Halbgott und größte griechische Troja-Held, stand Pate für die *Achillea*. Er behandelte die Wunden seiner Krieger mit Schafgarbenblättern. *Millefolia*, Tausendblatt heißt der mit Margerite und Kamille verwandte Korbblütler wegen der vielen feinen Segmente seines Blattwerks. Die Schweizer nennen die Scharfgarbe Lämmlizunge.

Die Volksmedizin verordnete Schafgarbe nach Achills Vorbild zur Blutstillung von Wunden. Extrakte und Tees helfen bei Durchfall, Magenschmerzen, Lungenentzündung, Frauenleiden, Malaria und Haarausfall. Auch für die Indianer Nordamerikas war sie in vielen Fällen ein wertvolles Heilkraut. Noch heute wird sie als beruhigender Badezusatz und Tee geschätzt. In England legten sich junge Leute für Orakel Blättchen in die Nase: Wer Nasenbluten bekam, war ernsthaft verliebt.

Penhaligon's Bluebell

»Die Sprache der Wildblumen« wurde zu Ehren Endymions mit Penhaligon's Bluebell, wie die Blume in England heißt, parfümiert. Der Duft wurde 1978 kreiert und erinnert mit seiner bezaubernden Frische an das junge Grün der Frühlingswälder, wo sich die Teppiche der Hasenglöckchen ausbreiten. Bluebell entspricht bei aller Einzigartigkeit dem Duft der Blume und gilt weltweit als klassisch englisches Parfum.

Sheila Pickles

Informationen über Penhaligon's Parfums erhalten Sie wenn Sie an die folgende Adresse schreiben:
Penhaligon's
41 Wellington Street, Covent Garden
London WC 2

Bildnachweis

Titelbild: Harold Waite, Ausschnitt aus Hebe, die Frau des Künstlers in West Wittering, Sussex, 1905 (Privatsammlung; Bridgeman Art Library, London).

Bridgeman Art Library, London
S. 4 Ursula Hodgson, Maiglöckchen und Schlüsselblumen (Privatsammlung); S. 5 John C. Adams, Mädchen in einer Landschaft mit Bluebells (Whitford & Hughes, London); S. 13 Claude Aubriet, Helleborus viridis (Natural History Museum, London); S. 14-15 Arthur Hughes, Im Gras (Sheffield City Art Galleries); S. 17 Sir Edward J. Poynter, Endymions Traum (Manchester City Art Gallery); S. 18-19 Otto M. van Schrieck: Die Klette (Radichtschew Museum, Saratow); S. 20 William C.T. Dobson, Wildblumen (Oldham Art Gallery); S. 22 Rotklee, Randleiste aus »Die Stunden der Jungfrau«, Schule des Jean Bourdichon (British Library, London); S. 25 Francis J. Wyburd, Dame, am Fenster nähend (Christopher Wood Gallery, London); S. 27 Marie Anne, Geranie (Victoria & Albert Museum, London) S. 35 William Bromley: Einen Strauß binden (Christie's, London); S. 37 George-Dyonis Ehret: Die Glocken von Canterbury (Sammlung Earl of Derby, Suffolk); S. 40 Loddiges, Frauenschuh aus: Das Botanische Kabinett (Lindley Library, Royal Horticultural Society, London); S. 44-45 Joseph Kirkpatrick, Freunde und Feinde (Christopher Wood Gallery, London); S. 50 Emily M. Osborn, Die Blumenverkäuferin (Gavin Graham Gallery, London); S. 58 Harold Waite, Hebe, die Frau des Künstlers in West Wittering, Sussex, 1905 (Privatsammlung); S. 63 Edward Wilkins Waite, Schlüsselblumenzeit, Abinger Hammer (Privatsammlung); S. 70-71 Olga Wisinger-Florian, Im Grünen (Christie's); S. 73 Sir Edward J. Poynter, Lesbia und ihr Spatz (Christie's, London); S. 74-75 Henry J. Yeend King, Landschaft, Isle of Man (Oscar & Peter Johnson Ltd., London); S. 78-79 Mary L. Breakell, Disteln (Gavin Graham Gallery, London); S. 81 William Affleck, Drei kleine Mädchen (Christopher Wood Gallery, London); S. 83 Henry J. Yeend King, Beim Blumenpflücken (Bonhams, London); S. 85 Catherine B. Gulley, Erinnerungen (City Museum and Art Gallery, Bristol); S. 92-93 Ernest Walbourn, Bluebellfeld (Beaton-Brown Fine Paintings, London).

Burford Gallery, Burford, Oxon
S. 88 Lionel P. Smythe, Der Kranz des Siegers.

David Museum Gallery, London
S. 33 Dame Laura Knight, Fingerhut (© Abgebildet mit freundlicher Erlaubnis der Curtis Brown Group, London).

Fine Art Photographs, London
S. 2 Beatrice Parsons, Bei den Bluebells; S. 10 Ernest Walbourn, Fütterung der Kälber; S. 12 Alfred Glendening, Wildblumen pflücken; S. 16 Daniel Sherrin, Hasenglöckchen im Wald; S. 23 Harold Harvey, Die besten Freunde; S. 29 Edward Niczky, Liebe zum Sommer; S. 31 William K. Blacklock, Kinder pflücken wilde Rosen; S. 36 Albert Durer Lucas, Sommer in Arkadien; S. 38-39 Arthur Hacker, Der Sonnenschirm; S. 41 Paul F. Poole, Königin für einen Tag; S. 43 Alfred W. Parsons, Frühling im Garten; S. 47 Thomas Mortimer, Sommertag in Newlyn, Cornwall; S. 48-49 John C. Adams, Frühlingsblüten; S. 53 Charles Goldsborough Anderson, Porträt eines Mädchens; S. 56 Edward Ridley, Vorlesen am Fluß; S. 60-61 Adolf Muller, Erntezeit; S. 65 Carl Bauerle, Ein Strauß hübscher Blumen; S. 87 Sophie Anderson, Beim Geißblattpflücken; S. 90-91 Valentine Davie, Im Garten.

Glasgow Museum & Art Gallery, Kelvingrove, Glasgow
S. 69 Edward Hornel, Frühlingsbeginn; S. 77 Jules Bastien-Lepage, Arme Grasmücke.

Natural History Museum, London
S. 54 Pulsatilla pratensis - Osterblume.

Londoner Privatsammlung
S. 12 Odermennig; S. 21 Butterblume; S. 29 Löwenzahn; S. 30 Heckenrose; S. 32 Fingerhut; S. 34 Große Sternmiere; S. 42 Wiesenschaumkraut; S. 57 Immergrün; S. 66 Kuckuckslichtnelke; S. 67 Schachblume; S. 74 Rainfarn; S. 80 Leinkraut; S. 82 Weidenröschen; S. 89 Waldsauerklee.

aus den USA (Richard Green Gallery, London)
S. 7 Arthur Hacker, Ein Morgenspaziergang.

Quellenvermerke

S. 28: Josef Weinheber, Löwenzahn, In: Sämtliche Werke Werke, Band II, © Otto Müller Verlag, Salzburg 1954; S. 44: Karl Heinrich Waggerl, Heiteres Herbarium: Blumen und Verse, © Otto Müller Verlag, 1950.

In einigen Fällen war es nicht möglich, für den Abdruck der Texte die Rechteinhaber zu ermitteln. Honoraransprüche der Autoren, Verlage und ihrer Rechtsnachfolger bleiben gewahrt.

Die englische Ausgabe erschien erstmals 1995
bei Pavilion Books Limited, London, unter dem Titel:
The Language of Wild Flowers. A Treasury of Verse and Prose.
Scented by Penhaligon's

Gestaltung: Bernard Higton
Bildauswahl: Lynda Marshall

Die mit * versehenen Texte wurden von Angelika Koller
ins Deutsche übertragen.

In der gleichen Reihe erschien der Band »Die Sprache der Blumen«.

Printed in Hong Kong

ISBN 3-7607-1199-5